Alma Flor Ada • F. Isabel C

VUELO DEL QUETZAL

Ilustradores

Felipe Dávalos
Fabricio Vanden Broeck
Orlando Cabañas
Alina Cabrera
Bruno González

A:

Elvira Armas

Oraida Garza de Cortés

Stephen Krashen

Dennis Parker

Silvina Rubinstein

Rosalía Salinas

Duarte Silva

Shelly Spiegel Coleman

Lily Wong Filmore

promotores de la riqueza
que emana de tener dos idiomas.

Índice

playa

Tierra de contrastes

Hispanoamérica es tierra de contrastes.

Hay playas y desiertos.

Hay selvas.

Hay montañas.

montaña

selva

pampa

Hay llanos y pampas.
Hay grandes soledades
                    y hay pueblos y ciudades.

ciudad

ceiba

saguaro

cactus

10

eucalipto

retama

La cubren plantas diversas

En los desiertos crecen cactus y saguaros.
En la selva se elevan enormes ceibas.
En los valles, entre las montañas,
se estiran al cielo los rectos eucaliptos
y florece la retama.

ombú

En medio de la pampa da sombra
un gigantesco ombú solitario.
En las playas, la brisa mece los cocoteros.
En los parques de las ciudades crecen
palmas esbeltas y laureles donde anidan
los gorriones.

13

quetzal

tucán

guacamayo

colibrí

*E*n sus cielos...

vuelan aves diversas.

    El quetzal de larga cola adorna la selva.

    Los tucanes parecen flores entre los árboles.

    Pericos y guacamayos alegran

    el bosque con su color y sus chillidos.

    Los colibríes chupan el néctar de las flores.

cóndor

flamencos

El cóndor majestuoso vuela
sobre los altos picos de montañas y volcanes.
Los flamencos, al extender sus alas, tiñen el
cielo de rosado.

delfín

ballena

tortuga

En sus playas y mares...

saltan alegres los delfines.

Vienen a tener hijos las ballenas.

Dejan sus huevos en la arena las tortugas.

pingüino

Toman el sol tranquilas las iguanas.
Corretean entre piedras las lagartijas.
Se agrupan los pingüinos.

En sus selvas...

En este mundo verde se esconden
    la boa enorme,
    el tapir,
    los monos juguetones,
    el lento perezoso,
    el jaguar ágil.

tapir

boa

mono

perezoso

jaguar

En las ciénagas y ríos...
abundan cocodrilos y caimanes,
saltan ranas
y se crían nubes de mosquitos.

ciénaga

caimán

cocodrilo

Amamanta mansamente a su hijo la madre manatí.
Devoran velozmente a una presa las pirañas.
Nacen, crecen y viven peces de mil especies.
Interrumpen el verde las elegantes garzas blancas.

manatí

pira

garza

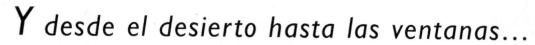

Y *desde el desierto hasta las ventanas...*
el color se hace flor en todas partes.

En los azahares de los limoneros, en los patios callados
y en los tiestos de geranios en los portales.

En las orquídeas escondidas en la selva,
en encendidos framboyanes
y en las nubes de flores moradas del jacarandá.

geranios

orquídea

jacarandá

framboyán

¡Un mundo lleno de sorpresas!

Hispanoamérica es un mundo lleno de lugares
sorprendentes.

Con algunos de los paisajes más hermosos
de la Tierra.

Donde comparten un mismo espacio cientos
de plantas y animales diferentes.

río

Donde corre
    el río más caudaloso del planeta, el Amazonas.
Y se extiende la selva
    más grande de la Tierra, la Amazonía.

serpiente

guacamayo

33

catarata

glaciar

Donde saltan las asombrosas cataratas del Iguazú.
Y se encuentran
    el lago más alto del mundo, el Titicaca,
    la montaña más alta del Hemisferio Occidental, el Aconcagua,
    y gigantescas paredes de hielo, los glaciares de Chile y Argentina.

Tenochtitlán

Teotihuacán

Monte Albán

*E*n respuesta a la naturaleza asombrosa...

sus primeros habitantes crearon construcciones sorprendentes.
En el antiguo México construyeron la ciudad de Tenochtitlán;
las pirámides de Teotihuacán, en el valle central;
y la incomparable ciudad de Monte Albán, en Oaxaca.

Chichén Itzá

Los maya-quiché construyeron hermosas ciudades,
templos y pirámides como las de Chichén Itzá y Tikal,
en Centroamérica.

Tikal

Machu Picchu

En los Andes, los incas construyeron la asombrosa
fortaleza de Sacsahuamán, de inmensas murallas,
y la misteriosa ciudad de Machu Picchu, uno de los
lugares más extraordinarios del mundo.

Sacsahuamán

Ayer, para celebrar la belleza a su alrededor...

los primeros habitantes de Hispanoamérica
reprodujeron la belleza que veían a su alrededor
  en cerámica,
  en tejidos,
  en muros tallados,
  en joyas.

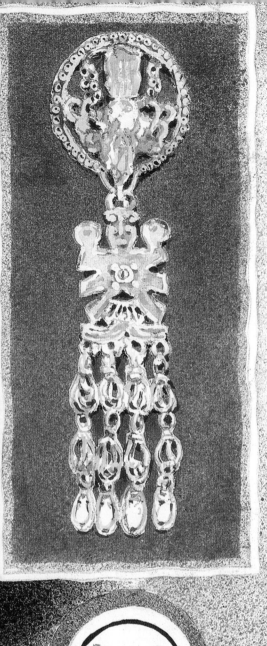

Y se inspiraron en la belleza
de la naturaleza para crear
con jade,
con oro,
con plumas.

43

Hoy continúan creando belleza...

Los descendientes de aquellos primeros habitantes,
hoy siguen creando belleza sobre amates,
    en mates secos,
    con madera,
    con lana, con papier maché,
    con cerámica,
    con papel, arcilla, latón,
    cera, paja o casi
    cualquier material.

Y todo esto es Hispanoamérica

Tierra de grandes contrastes.
Pueblos pequeños y tranquilos.
Ciudades enormes y bulliciosas.

46

Gente de todo tipo.
Muchos logros.
Y mucho por conseguir.